Mi nombre: _____

Domicilio: _____

Parroquia/Colegio: _____

EL PAPA y LOS NIÑOS

El Papa responde a los niños

Jesús nos ayuda, nos guía y nos da la fuerza en la Comunión

Papa Francisco: Jesús nos ha salvado, pero también camina con nosotros en la vida. ¿Es verdad esto? ¿Y cómo camina? ¿Qué hace cuando camina con nosotros en la vida? Esto es difícil. ¡Quien lo diga gana ! ¿Qué hace Jesús cuando camina con nosotros?

Niños: Nos ayuda. ¡Nos guía!

Papa Francisco: ¡Muy bien! Camina con nosotros, nos ayuda, nos guía y nos enseña a ir adelante.
Y Jesús nos da también la fuerza para caminar. ¿Es verdad? Nos sostiene. ¡Bien! En las dificultades, ¿verdad? ¡Y también con las tareas de la escuela! Nos sostiene, nos ayuda, nos guía, ¡Eso es! Jesús va siempre con nosotros.
Vale. Pero oíd, Jesús nos da la fuerza. ¿Cómo nos da la fuerza Jesús? ¡Vosotros sabéis cómo nos da la fuerza! ¡Más fuerte; no oigo!

Niños: En la Comunión.

Papa Francisco: En la Comunión nos da la fuerza, precisamente nos ayuda con la fuerza. Él viene a nosotros. Pero cuando vosotros decís «nos da la Comunión», ¿un pedazo de pan te da tanta fuerza? ¿No es pan eso? Esto es pan, pero el que está en el altar ¿es pan o no es pan? ¡Parece pan! No es precisamente pan. ¿Qué es?

Niños: Es el Cuerpo de Jesús.

Papa Francisco: Es el Cuerpo de Jesús, Jesús viene a nuestro corazón. Eso. Pensemos en esto, todos: el Padre nos ha dado la vida; Jesús nos ha dado la salvación, nos acompaña, nos guía, nos sostiene, nos enseña; ¿y el Espíritu Santo? ¿Qué nos da el Espíritu Santo? ¡Nos ama! Nos da el amor. Pensemos en Dios así y pidamos a la Virgen, la Virgen nuestra Madre, deprisa siempre para ayudarnos, que nos enseñe a entender bien cómo es Dios: cómo es el Padre, cómo es el Hijo y cómo es el Espíritu Santo. Así sea.

HOMILIA EN LA VISITA A LA PARROQUIA ROMANA
DE SANTA ISABEL Y SAN ZACARÍAS 26 de mayo de 2013

1. Livia. ¿debo confesarme todas las veces que recibo la Comunión? ¿Incluso cuando he cometido los mismos pecados? Porque me doy cuenta que son siempre los mismos.

"No es necesario confesarse cada vez que se comulga", a menos que se haya cometido "un pecado grave, que hayas ofendido profundamente a Jesús", dijo el Papa, añadiendo que, sin embargo, "es muy útil" confesarse "con una cierta regularidad para tener nuestro alma limpia". Es verdad que nuestros pecados son casi siempre los mismos, pero limpiamos nuestras casas, nuestras habitaciones, al menos una vez por semana, aunque la suciedad sea siempre la misma, para vivir en un lugar limpio, para recomenzar; de lo contrario, tal vez la suciedad no se vea, pero se acumula.
Algo semejante vale también para el alma, para mí mismo; si no me confieso nunca, el alma se descuida y, al final, estoy siempre satisfecho de mí mismo y ya no comprendo que debo esforzarme también por ser mejor, que debo avanzar.

2. Andrés, uno de los niños le preguntó al Papa que le habían dicho que Jesús realmente estaba presente en la Eucaristía. "¿Pero cómo es eso? Yo no lo veo", le pregunto el niño, y el Papa sonrió.

"No lo vemos, pero hay muchas cosas que no vemos y existen y son esenciales. Podemos ver sus efectos. Por ejemplo, no podemos ver nuestros razonamientos, pero aún así razonamos. No podemos ver nuestra inteligencia, pero la tenemos.
No vemos la electricidad, la corriente, pero la vemos funcionar: vemos cómo funciona este micrófono, vemos las luces" vemos la luz, explicó el Papa.

Las cosas mas profundas, que sostienen realmente la vida y el mundo, no las vemos pero podemos ver sus efectos "No vemos al Señor resucitado con nuestros ojos, pero vemos que donde está Jesús, los hombres cambian, se vuelven mejores, y tienen más capacidad de alcanzar la paz y la reconciliación", Por consiguiente, no vemos al Señor mismo, pero vemos sus efectos: así podemos comprender que Jesús está presente."

3. Julia: *Santidad, todos nos dicen que es importante ir a misa el domingo. Nosotros iríamos con mucho gusto, pero, a menudo, nuestros padres no nos acompañan porque el domingo duermen. El papá y la mamá de un amigo mío trabajan en un comercio, y nosotros vamos con frecuencia fuera de la ciudad a visitar a nuestros abuelos. ¿Puedes decirles una palabra para que entiendan que es importante que vayamos juntos a misa todos los domingos?*

Creo que sí, naturalmente con gran amor, con gran respeto por los padres que, ciertamente, tienen muchas cosas que hacer. Sin embargo, con el respeto y el amor de una hija, se puede decir: querida mamá, querido papá, sería muy importante para todos nosotros, también para ti, encontrarnos con Jesús. Esto nos enriquece, trae un elemento importante a nuestra vida. Juntos podemos encontrar un poco de tiempo, podemos encontrar una posibilidad. Quizá también donde vive la abuela se pueda encontrar esta posibilidad. En una palabra, con gran amor y respeto, a los padres les diría: "Comprended que esto no sólo es importante para mí, que no lo dicen sólo los catequistas; es importante para todos nosotros; y será una luz del domingo para toda nuestra familia".

4. Alejandro: ¿Para qué sirve, en la vida de todos los días, ir a la santa misa y recibir la Comunión?

Sirve para hallar el centro de la vida. La vivimos en medio de muchas cosas. Y las personas que no van a la iglesia no saben que les falta precisamente Jesús. Pero sienten que les falta algo en su vida. Si Dios está ausente en mi vida, si Jesús está ausente en mi vida, me falta una orientación, me falta una amistad esencial, me falta también una alegría que es importante para la vida. Me falta también la fuerza para crecer como hombre, para superar mis vicios y madurar humanamente. Por consiguiente, no vemos enseguida el efecto de estar con Jesús cuando vamos a recibir la Comunión; se ve con el tiempo. Del mismo modo que a lo largo de las semanas, de los años, se siente cada vez más la ausencia de Dios, la ausencia de Jesús. Es una laguna fundamental y destructora.

5. Ana, Querido Papa, ¿nos puedes explicar qué quería decir Jesús cuando dijo a la gente que lo seguía: "Yo soy el pan de vida"?

Cuando Jesús se proclama "Pan de la vida", quería decir que al igual que "tenemos necesidad de nutrirnos para vivir, también el espíritu, el alma, tiene necesidad de nutrirse para que pueda madurar, para que pueda realmente llegar a su plenitud", dijo el Papa ante una muchedumbre expectante y atenta.

Con el Papa Benedicto XVI, niños de primera comunión en Roma, Octubre de 2005.

EN LA MISA HACEMOS PRESENTE LA MUERTE Y RESURRECCIÓN DE JESÚS

EUCARISTÍA, MILAGRO DE AMOR, EUCARISTÍA, PRESENCIA REAL DEL SEÑOR

Cuando un amigo te quiere, es normal que te invite a su casa y entonces habláis de vuestras cosas y coméis algo juntos. En la Misa, es Jesús quien te invita a participar de su amistad en su casa: la iglesia. Y hablas con El escuchando su Palabra y le respondes con tus oraciones. La comida llega cuando Jesús nos prepara el banquete de la Eucaristía y nos da el pan y el vino consagrados. La misa también se llama Eucaristía.

Ahora os invito a seguir conmigo paso a paso lo que sucede en la misa, ¡ya verás como lo aprendes y te gusta cada vez mas!

La Santa Misa tiene cuatro partes básicas: 1) Rito de Entrada. 2) Liturgia de la Palabra. 3) Liturgia Eucarística. 4) Rito de despedida.
LITURGIA es una palabra que significa SERVICIO.

1.ª PARTE
Rito de Entrada

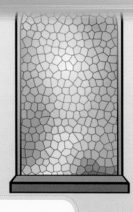

La Santa Misa se inicia con el canto de entrada y la procesión que se dirige hacia el altar. El Orden de la Procesión en Misas Solemnes y grandes fiestas es:

1. El Incensario y la Cruz Procesional.
2. Las dos Velas.
3. El Evangeliario, que contiene los 4 Evangelios.
4. El sacerdote.

La procesión de entrada es como nuestra vida en la Tierra que nos conduce al cielo. La persona que lleva el Evangelio y la que lleva la Cruz significan que Jesús mismo nos guía y acompaña hacia el Cielo; es genial ¿verdad?

SALUDO INICIAL

> La gracia de nuestro Señor Jesucristo, el amor del Padre y la comunión del Espíritu Santo esté con todos vosotros

> El sacerdote al llegar, besa el altar y se ubica en la sede. Hacemos con él la señal de la Cruz.
> Luego recibimos el saludo de Dios por medio del sacerdote y respondemos "y con tu espíritu"

> Y CON TU ESPÍRITU

> El sacerdote besa el Altar porque representa a Jesús y allí vendrá Jesús Resucitado.

ACTO PENITENCIAL

Después del saludo viene el acto penitencial. Es el momento para pedir perdón a Dios por nuestras faltas y pecados. Los golpes de pecho suaves expresan nuestro arrepentimiento. Así preparamos nuestro corazón para recibir la palabra de Dios.

"YO CONFIESO ANTE DIOS TODOPODEROSO, Y ANTE VOSOTROS HERMANOS QUE HE PECADO DE PENSAMIENTO, PALABRA, OBRA Y OMISIÓN. POR MI CULPA, POR MI CULPA, POR MI GRAN CULPA. POR ESO RUEGO A SANTA MARÍA SIEMPRE VIRGEN, A LOS ÁNGELES, A LOS SANTOS Y A VOSOTROS, HERMANOS, QUE INTERCEDÁIS POR MI ANTE DIOS, NUESTROS SEÑOR".

SACERDOTE: **SEÑOR, TEN PIEDAD...**
FIELES: SEÑOR, TEN PIEDAD.
CRISTO, TEN PIEDAD... CRISTO, TEN PIEDAD.
SEÑOR, TEN PIEDAD... SEÑOR, TEN PIEDAD.

PEDIMOS COMO EL CIEGO BARTIMEO PEDÍA: "JESÚS, TEN PIEDAD DE MI" (MC 10,47) Y JESÚS LE CURÓ.

GLORIA A DIOS EN EL CIELO

Rezamos o cantamos el GLORIA para alabar y dar gracias a Dios que es Padre, Hijo y Espíritu Santo: El GLORIA recuerda el canto de los Ángeles la noche de Navidad. Se reza o canta en Domingos y Festivos, menos en Adviento y Cuaresma.

GLORIA A DIOS EN EL CIELO, Y EN LA TIERRA PAZ A LOS HOMBRES QUE AMA EL SEÑOR. POR TU INMENSA GLORIA TE ALABAMOS, TE BENDECIMOS, TE ADORAMOS, TE GLORIFICAMOS, TE DAMOS GRACIAS, SEÑOR DIOS REY CELESTIAL, DIOS PADRE TODOPODEROSO.
SEÑOR, HIJO ÚNICO JESUCRISTO. SEÑOR DIOS, CORDERO DE DIOS, HIJO DEL PADRE; TÚ QUE QUITAS EL PECADO DEL MUNDO, TEN PIEDAD DE NOSOTROS; TÚ QUE QUITAS EL PECADO DEL MUNDO, ATIENDE NUESTRA SÚPLICA, TÚ QUE ESTÁS SENTADO A LA DERECHA DEL PADRE, TEN PIEDAD DE NOSOTROS; PORQUE SOLO TÚ ERES SANTO, SOLO TÚ SEÑOR, SOLO TÚ ALTÍSIMO, JESUCRISTO, CON EL ESPÍRITU SANTO EN LA GLORIA DE DIOS PADRE. AMÉN.

Recuerda: Aunque no puedas verlo Jesús está presente en la misa con los Ángeles, la Virgen María y los Santos.

ORACIÓN COLECTA

Después de rezar o cantar el GLORIA, el sacerdote hace la oración colecta diciendo OREMOS. Nos invita a rezar pidiendo y extiende las manos en señal de súplica. En silencio pide a Dios por tus necesidades y seres queridos y por los demás. El sacerdote recoge las intenciones individuales, una "colecta"; y las presenta al Señor orando con los brazos abiertos. Terminamos diciendo AMÉN. Así acaba la primera parte de la Misa que se llama ¿...?

Respuesta: Rito de Entrada.

2.ª PARTE
Liturgia de la palabra

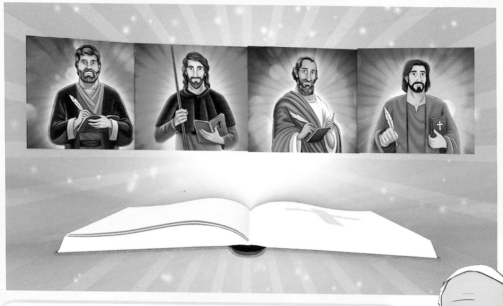

La segunda parte de la Misa se llama LITURGIA de la PALABRA.
¡Dios te habla a ti y a todos por medio de su Palabra escrita en la Biblia!
Dios nos habla a través de la persona que lee.
Se leen 2 Lecturas, se canta un Salmo y el sacerdote lee el Evangelio.
¿Recuerdas cómo se llaman los cuatro Evangelistas que escribieron los cuatro Evangelios?

espuesta de izquierda a derecha: S. Mateo, S. Marcos, S. Lucas y S. Juan.

PRIMERA LECTURA

Todos nos sentamos para escuchar la palabra de Dios que está en la Biblia. La primera lectura casi siempre es tomada de la primera parte de la Biblia: El Antiguo Testamento. De esta manera Dios nos habla a ti y a mi por medio de sus profetas. Al acabar respondemos: TE ALABAMOS, SEÑOR.

Cuando rezamos el Salmo, rezamos con las mismas palabras de Dios. Así aprendemos a hablar con Dios, pedirle, decirle tus cosas y lo que necesitas o te preocupa. ¡Dios es tu Padre y te escucha! Las estrofas del salmo las canta o recita el salmista y la comunidad responde cantando o recitando la antífona del salmo.

EL SALMO

SEGUNDA LECTURA

La segunda lectura es tomada de la segunda parte de la Biblia: El Nuevo Testamento. Dios nos habla por medio de los Apóstoles. Al acabar respondemos: TE ALABAMOS, SEÑOR.

La Palabra de Dios recorre un camino dentro de nosotros: La escuchamos con los oídos y pasa al corazón; del corazón pasa a las manos, a las buenas obras.

EVANGELIO

En pie, al oír "Lectura del Santo Evangelio..." hacemos la señal de la cruz en la frente, la boca y el corazón pidiendo a Jesús que entendamos, anunciemos y vivamos su Evangelio. Estamos atentos: Es Jesús mismo quien nos habla ahí.

El Señor esté con vosotros

Lectura del Santo Evangelio según...

Palabra del Señor

Y con tu Espíritu

Gloria a ti Señor

Gloria a ti Señor Jesús

HOMILIA

Después del EVANGELIO, todos se sientan y el sacerdote dice la HOMILÍA: es el mensaje a toda la iglesia explicando las lecturas. Jesús se sirve también de la palabra del sacerdote para hablarte. ¿Recuerdas que significa EVANGELIO?

Respuesta: Buena noticia.

Terminada la homilía, todos decimos el CREDO, en él expresamos todo lo que creemos como cristianos y por lo que se nos reconoce. Rezamos en pie para proclamar nuestra fe.

CREDO

CREO EN DIOS, PADRE TODOPODEROSO, CREADOR DEL CIELO Y DE LA TIERRA. CREO EN JESUCRISTO, SU ÚNICO HIJO, NUESTRO SEÑOR, QUE FUE CONCEBIDO POR OBRA Y GRACIA DEL ESPÍRITU SANTO, NACIÓ DE SANTA MARÍA VIRGEN, PADECIÓ BAJO EL PODER DE PONCIO PILATO, FUE CRUCIFICADO, MUERTO Y SEPULTADO, DESCENDIÓ A LOS INFIERNOS, AL TERCER DÍA RESUCITÓ DE ENTRE LOS MUERTOS, SUBIÓ A LOS CIELOS Y ESTÁ SENTADO A LA DERECHA DE DIOS, PADRE TODOPODEROSO. DESDE ALLÍ HA DE VENIR A JUZGAR A VIVOS Y MUERTOS.
CREO EN EL ESPÍRITU SANTO, LA SANTA IGLESIA CATÓLICA, LA COMUNIÓN DE LOS SANTOS, EL PERDÓN DE LOS PECADOS, LA RESURRECCIÓN DE LA CARNE Y LA VIDA ETERNA AMÉN.

CREDO LARGO en PÁGINA 75

ORACIÓN DE LOS FIELES

CREDO

Señor te pedimos por...

Roguemos al Señor

Te lo pedimos Señor

En la oración de los fieles se pide por las necesidades de la Iglesia y de todo el mundo. Recordamos cuando Jesús nos ha dicho: "Si permanecéis en mí, y mis palabras permanecen en vosotros, pedid lo que queráis y lo conseguiréis" (Juan 15,7) Y este es el momento de pedir al Señor las cosas más fuertes en la misa, las cosas que nosotros necesitamos, lo que queremos. "Lo conseguiréis" de un modo u otro, pero lo conseguiréis. "Todo es posible para quien cree" ha dicho el Señor. ¿Qué respondió ese hombre al cual el Señor le dijo esta palabra —todo es posible para quien cree—? Dijo: "Creo Señor. Ayuda mi poca fe". También nosotros podemos decir: "Señor, yo creo. Pero ayuda mi poca fe".

3.ª PARTE

Liturgia de la Eucaristía

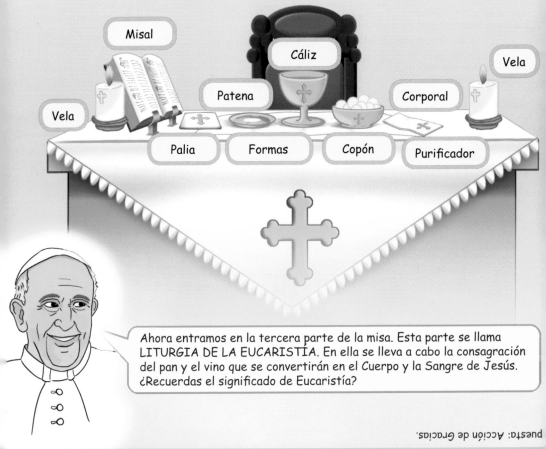

Misal

Cáliz

Vela

Patena

Corporal

Vela

Palia

Formas

Copón

Purificador

Ahora entramos en la tercera parte de la misa. Esta parte se llama LITURGIA DE LA EUCARISTÍA. En ella se lleva a cabo la consagración del pan y el vino que se convertirán en el Cuerpo y la Sangre de Jesús. ¿Recuerdas el significado de Eucaristía?

Respuesta: Acción de Gracias.

LITURGIA DE LA EUCARISTÍA

PRESENTACIÓN DE LAS OFRENDAS

Terminada la liturgia de la palabra, todos nos sentamos. El sacerdote de pie ante el altar hace la presentación de los dones: El pan y el vino, los elementos que Cristo tomó en sus manos en la Última Cena. Nuestra ofrenda es poco, pero Cristo necesita de este poco .Nos pide poco el Señor y nos da tanto: pan y vino que se convertirán en su Cuerpo y Sangre. En la vida ordinaria Jesús nos pide poco: buena voluntad, un corazón abierto y ganas de ser mejores para acogerle a Él.

Mientras tanto se canta y se recogen los donativos para ayudar a los más pobres, llevar comida a familias, medicinas a los enfermos y ancianos, gastos de la parroquia como luz, calefacción, Biblias y Catecismos...

OFRENDAS

PASOS DE LA PRESENTACIÓN DE LAS OFRENDAS (PAN Y VINO)

❶ Bendito seas Señor Dios del universo por este pan...

❷ Bendito seas Señor Dios del universo por este vino...

❸

La presentación del pan y del vino lo podemos ver en tres figuras:
1. El sacerdote presenta a Dios el pan, como fruto de nuestro trabajo.
2. El sacerdote echa un poco de agua en el vino que está en el cáliz, como signo de unión del cielo con la tierra.
3. El sacerdote presenta a Dios el vino, como fruto de nuestro trabajo. Puedes ofrecer ahora a Jesús tus ofrendas como horas de estudio, deporte, alegrías, problemas, disgustos, tus planes...

LITURGIA DE LA EUCARISTÍA

Lava del todo mi delito Señor, limpia mi pecado.

LAVADO DE LAS MANOS

Una vez presentadas las ofrendas, el sacerdote se lava las manos diciendo las siguientes palabras: (representa su deseo de limpiar su corazón antes de tocar las cosas santas).

ORACIÓN SOBRE LAS OFRENDAS

El sacerdote inicia la oración de las ofrendas con el siguiente diálogo y nos ponemos en pie para responder.

Orad hermanos para que este sacrificio mío y vuestro sea agradable a Dios Padre Todopoderoso.

El Señor reciba de tus manos este sacrificio para alabanza y gloria de su nombre, para nuestro bien y el de toda su santa Iglesia.

Después del diálogo, el sacerdote hace la oración sobre las ofrendas (el pan y el vino: fruto de nuestro trabajo). Luego se inicia la plegaria eucarística con el Prefacio, oración para dar gracias al Señor por enviarnos a su Hijo Jesús para salvarnos.

PLEGARIA EUCARÍSTICA

El Señor esté con vosotros

Levantemos el corazón.

Demos gracias al Señor nuestro Dios.

En verdad es justo y necesario, Señor darte...

Y con tu espíritu.

Lo tenemos levantado hacia el Señor.

Es justo y necesario

LITURGIA DE LA EUCARISTÍA

Santo, Santo, Santo es el Señor, Dios del Universo.
Llenos están los cielos y la tierra de tu gloria.
Hosanna en el cielo.
Bendito el que viene en el nombre del Señor.
Hosanna en el Cielo.

Por eso, con los ángeles y santos, cantamos sin cesar, el himno de tu gloria:

Se termina el prefacio cantando el Santo. Tiene dos partes, primero es el canto que hacen los Ángeles al Señor, en el Cielo según vió el profeta Isaías (Is 6): "Santo, Santo, Santo es el Señor...". Y a continuación "Hosanna en el Cielo., Bendito el que viene en el nombre del Señor..." así aclamaron a Jesús el Domingo de Ramos (Mt 21,9).

LITURGIA DE LA EUCARISTÍA

...Después del SANTO fíjate que el sacerdote hace sombra con las manos sobre el pan y el vino: es la invocación del Espíritu Santo para que santifique el pan y el vino y por las palabras del sacerdote se conviertan en el Cuerpo y la Sangre de Jesús. A partir de este momento nos ponemos de rodillas.

Santo eres en verdad, Señor, fuente de toda santidad; por eso te pedimos que santifiques estos dones con la efusión de tu Espíritu...

SANTO

LITURGIA DE LA EUCARISTÍA

LITURGIA DE LA EUCARISTÍA

Ahora el sacerdote continúa con la narración de la Última Cena, como nos pidió hacer Jesús. El sacerdote hace de Jesús y representa a Jesús en estas frases:

Jesús, la noche que iba a ser entregado a su Pasión, voluntariamente aceptada, tomó pan, dándote gracias lo partió y lo dio a sus discípulos, diciendo: "TOMAD Y COMED TODOS DE ÉL, PORQUE ESTO ES MI CUERPO, QUE SERÁ ENTREGADO POR VOSOTROS".

CONSAGRACIÓN

Lucas 22, 19-20.

Al decir el sacerdote la frase en Mayúscula, el pan se convierte en el Cuerpo de Jesús. Lo eleva para adorarlo y que miremos a Jesús.

37

Del mismo modo acabada la cena, tomó el cáliz, y dándote gracias de nuevo, lo pasó a sus discípulos, diciendo: "TOMAD Y BEBED TODOS DE ÉL, PORQUE ÉSTE ES EL CÁLIZ DE MI SANGRE, SANGRE DE LA ALIANZA NUEVA Y ETERNA, QUE SERÁ DERRAMADA POR VOSOTROS Y POR MUCHOS PARA EL PERDÓN DE LOS PECADOS. HACED ESTO EN CONMEMORACIÓN MÍA".

Puedes orar como el Apóstol Tomás al ver a Jesús: "Señor Mío y Dios Mío".

Al decir el sacerdote la frase en Mayúscula, el vino se convierte en la sangre de Cristo, es decir, el mismo Jesús entero. Elevará el cáliz para adorar a Jesús y que le miremos.

LITURGIA DE LA EUCARISTÍA

(Ya sucedió el Milagro: Jesús está otra vez en la tierra, ¿le darás la bienvenida y tu cariño como los Pastores en Belén?) El sacerdote muestra al pueblo el cuerpo y la sangre de Cristo diciendo:

ÉSTE ES EL SACRAMENTO DE NUESTRA FE.

ANUNCIAMOS TU MUERTE, PROCLAMAMOS TU RESURRECCIÓN, ¡VEN, SEÑOR JESÚS!

En la Misa hacemos presente la muerte y resurrección de Jesús.

Hace la invocación del Espíritu Santo sobre toda la unidad de la Iglesia: El Papa, los Obispos, los sacerdotes, diáconos y los feligreses vivos y muertos.

Así pues Padre, al celebrar el memorial de la muerte y resurrección de tu Hijo,... te pedimos humildemente que el Espíritu Santo congregue en la unidad a cuantos participamos...
Acuérdate Señor de tu Iglesia extendida por toda la tierra y con el Papa...

El sacerdote finaliza la Plegaria Eucarística elevando el cuerpo y la sangre de Jesús y alabando y glorificando a Dios Padre, Hijo y Espíritu Santo.
La asamblea responde con el gran AMÉN.
AMÉN significa ASÍ ES.

"POR CRISTO, CON ÉL Y EN ÉL, A TI, DIOS PADRE OMNIPOTENTE, EN LA UNIDAD DEL ESPÍRITU SANTO, TODO HONOR Y TODA GLORIA POR LOS SIGLOS DE LOS SIGLOS...".

¡Amén!

LITURGIA DE LA EUCARISTÍA

RITO DE COMUNIÓN

El sacerdote dice: "Llenos de alegría por ser hijos de Dios, digamos confiadamente la oración que Cristo nos enseñó". Extiende las manos y junto con la comunidad y junto a Jesús ya presente en el Altar hacemos la oración del Padre Nuestro. Es muy hermoso rezar como rezaba Jesús.

PADRE NUESTRO, QUE ESTÁS EN EL CIELO, SANTIFICADO SEA TU NOMBRE; VENGA A NOSOTROS TU REINO; HÁGASE TU VOLUNTAD EN LA TIERRA COMO EN EL CIELO. DANOS HOY NUESTRO PAN DE CADA DÍA; PERDONA NUESTRAS OFENSAS, COMO TAMBIÉN NOSOTROS PERDONAMOS A LOS QUE NOS OFENDEN; NO NOS DEJES CAER EN LA TENTACIÓN, Y LÍBRANOS DEL MAL.

Perdonar a las personas que nos han ofendido no es fácil. Con nuestras fuerzas no podemos. Es una gracia que debemos pedir a Jesús: "Señor, enséñame a perdonar como tú me has perdonado".

LITURGIA DE LA EUCARISTÍA

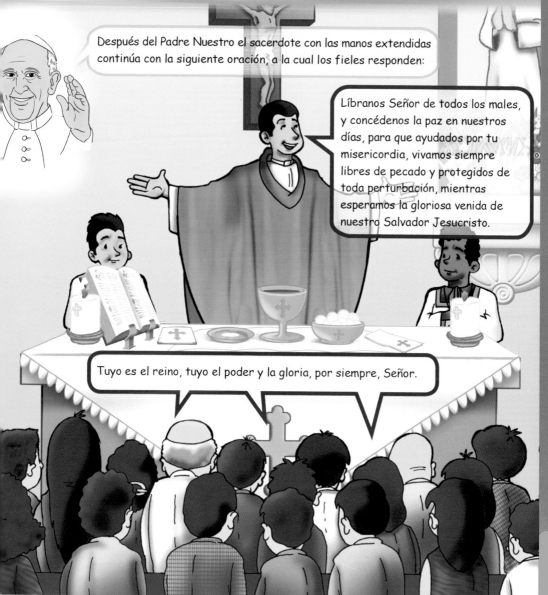

Después del Padre Nuestro el sacerdote con las manos extendidas continúa con la siguiente oración, a la cual los fieles responden:

Líbranos Señor de todos los males, y concédenos la paz en nuestros días, para que ayudados por tu misericordia, vivamos siempre libres de pecado y protegidos de toda perturbación, mientras esperamos la gloriosa venida de nuestro Salvador Jesucristo.

Tuyo es el reino, tuyo el poder y la gloria, por siempre, Señor.

PADRENUESTRO

SALUDO DE LA PAZ

Llegado el momento del abrazo de la paz, el sacerdote con las manos extendidas continúa orando y al terminar junta las manos.

Señor Jesucristo que dijiste a los apóstoles: "La paz os dejo, mi paz os doy", no tengas en cuenta nuestros pecados, sino la fe de tu Iglesia, y conforme a tu palabra, concédele la paz y la unidad. Tú que vives y reinas por los siglos de los siglos.

¡Amén!

LITURGIA DE LA EUCARISTÍA

En este momento el sacerdote hace el saludo oficial de la paz y luego pide que todos compartan la paz que nos da el Señor.

LA PAZ DEL SEÑOR ESTÉ SIEMPRE CON VOSOTROS.

DAOS FRATERNALMENTE LA PAZ.

Y CON TU ESPÍRITU.

LA PAZ

Recuerda que en este momento sólo debes dar el saludo de la paz a las personas más cercanas. Las personas de tu lado, las que están adelante y detrás de ti, no podemos distraernos de la EUCARISTÍA.

LITURGIA DE LA EUCARISTÍA

FRACCIÓN DEL PAN

Durante la fracción del pan el sacerdote toma la Hostia o Forma Consagrada, la parte en dos y echa un pequeño trozo en el cáliz. Mientras sucede esto se canta o se dice la oracion del Cordero de Dios.

Cordero de Dios que quitas el pecado del mundo, ten piedad de nosotros. Cordero de Dios que... Cordero de Dios que... danos la paz.

CORDERO DE DIOS

LITURGIA DE LA EUCARISTÍA

Luego el sacerdote eleva el Cuerpo y Sangre de Cristo y los muestra a la asamblea.
La asamblea responde...
(Y recuerda que Jesús perdona siempre y no se cansa de perdonar)

Este es el Cordero de Dios que quita el pecado del mundo dichosos los invitados a la cena del Señor

Señor no soy digno de que entres en mi casa. Pero una palabra tuya bastará para sanarme.

Mateo 8,5-11.

Inmediatamente después, el sacerdote coloca la Hostia o Forma Consagrada y el Cáliz sobre el corporal. Luego comulga el Cuerpo y la Sangre de Jesucristo, diciendo las siguientes palabras:

El Cuerpo de Cristo me guarde para la vida eterna.

COMUNIÓN

La Sangre de Cristo me guarde para la vida eterna.

"Para reflexionar:

Cuando Jesús dice "El que come mi carne y bebe mi sangre tiene vida para siempre (Jn,6,54)" nos puede "sonar" demasiado raro, ¿su sangre...? pero no tiene porqué ser así: ¿recuerdas lo que ha sucedido no hace mucho con el virus del Ébola? Exactamente igual que con muchas otras enfermedades, los médicos buscan una persona que haya vencido esa enfermedad y en la sangre de esa persona "encuentran" los anticuerpos para derrotar la enfermedad para siempre.

Eso es lo que el Señor Jesús hizo con su muerte y resurrección, con su sangre (¡la sangre del vencedor!) venció a la muerte, al pecado, al mal... derrotó a todos los enemigos que teníamos. Por eso Jesús nos da su sangre en la comunión para que ahora tengamos su misma vida; vida abundante y vida eterna. Una vida ganada a precio de su propia sangre.

¡Tiene mucho más sentido del que jamás habíamos pensado!"

LITURGIA DE LA EUCARISTÍA

MOMENTO DE COMUNIÓN:

Luego, el sacerdote distribuye la comunión a la asamblea.
Si hay más sacerdotes, entonces éstos deben ayudar a dar la
comunión, pero también le pueden ayudar los diáconos y los
ministros extraordinarios de la comunión.
Los ministros extraordinarios de la comunión pueden ser: algunos
laicos y religiosos nombrados por el Obispo.

SACERDOTE	DIÁCONO	RELIGIOSA	LAICO
Ministros Ordinarios		Ministros Extraordinarios	

COMUNIÓN

LITURGIA DE LA EUCARISTÍA

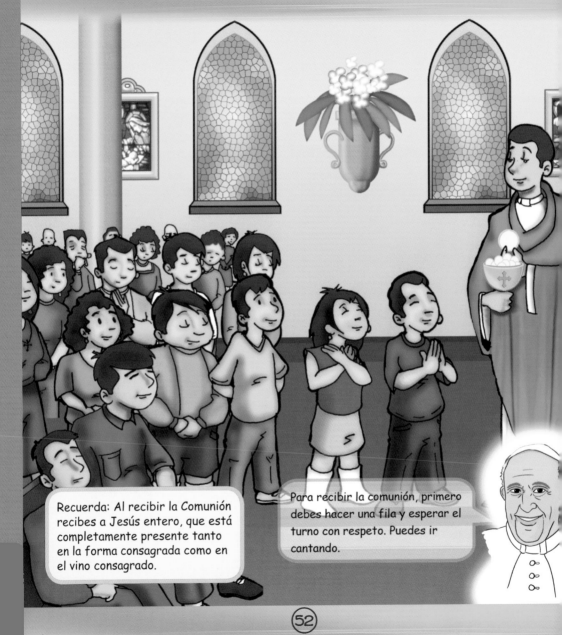

Recuerda: Al recibir la Comunión recibes a Jesús entero, que está completamente presente tanto en la forma consagrada como en el vino consagrado.

Para recibir la comunión, primero debes hacer una fila y esperar el turno con respeto. Puedes ir cantando.

MANERAS PARA RECIBIR LA COMUNIÓN:

La Iglesia Católica propone dos maneras de recibir la comunión: en la boca o en las manos. Cuando te toque el turno, el sacerdote te va a decir: "CUERPO DE CRISTO", y tú debes contestar: "AMÉN". Luego recibes la Forma Consagrada.

COMUNIÓN

Puedes acercarte a comulgar rezando a Jesús así: **"Yo quisiera Señor recibirte con aquella pureza, humildad y devoción con que te recibió tu santísima Madre; con el espíritu y fervor de los santos"**; o bien, **"Señor, Tú lo sabes todo, Tú sabes que te quiero".**

Si no has hecho la primera comunión no puedes recibir aún la Eucaristía, entonces acércate con los brazos haciendo una X sobre el pecho, como en el dibujo y el sacerdote te dará la bendición.

COMUNIÓN

LITURGIA DE LA EUCARISTÍA

Después de recibir la comunión debes regresar a tu sitio en silencio. Habla con Jesús, está en ti y para ti. Puedes también cantar con el coro. Cada vez que hacemos la comunión nos parecemos más a Jesús.

PURIFICACIÓN:

Después de la comunión el sacerdote purifica (limpia), el cáliz y la patena cuidando que no quede ningún resto del Cuerpo y Sangre de Cristo, porque Jesús está presente en cada fragmento de la sagrada forma aunque sea pequeño. Luego se llevan los vasos sagrados a la mesita que está cerca del altar que se llama credencia.

Después de la purificación del cáliz y la patena, el sacerdote y todos los fieles hacen un momento de meditación en silencio. El coro puede hacer un canto de alabanza o de bendición a Dios.

MEDITACIÓN:

"Te contaré un secreto: Después de la comunión me gusta mucho rezar esta oración a Jesús:
Alma de Cristo, santifícame
Cuerpo de Cristo, sálvame
Sangre de Cristo, embriágame
Agua del costado de Cristo, lávame.

Pasión de Cristo, confórtame.
Oh buen Jesús, escúchame.
Dentro de tus llagas, escóndeme

No permitas que me aparte de ti.
Del maligno enemigo, defiéndeme.
En la hora de mi muerte, llámame
y mándame ir a ti,

para que con tus santos te alabe,
por los siglos de los siglos. Amén."
¡Espero que te ayude rezarla!

Piensa que durante 10 minutos mas o menos está Jesús en tí sacramentalmente, es decir, lo que duran las especies de pan.
Y Él siempre está en tu corazón

Oración Post-Comunión, es la oración que se hace después de la comunión y meditación. Para ello el sacerdote se pone de pie y se ubica delante de la sede o cerca del altar dirigiéndose a la asamblea litúrgica. Todos nos ponemos de pie y oramos con él. Luego decimos. *Amén.*

ORACION POST COMUNIÓN:

Oremos... Dios todopoderoso, no ceses de proteger con tu amor... Por Jesucristo nuestro Señor. Amén.

Amén

4.ª PARTE
Rito de Conclusión

Hemos Llegado a la parte final de la celebración de la EUCARISTÍA.

BENDICIÓN FINAL:

El sacerdote dialoga con el pueblo y da la bendición final. Es Dios mismo quien te bendice a través de él.

El Señor esté con vosotros

La bendición de Dios Todopoderoso, Padre, Hijo y Espíritu Santo, descienda sobre vosotros.

Y con tu espíritu

Amén

ENVÍO:

El sacerdote hace el envío.

Que la alegría del Señor sea vuestra fuerza. Podéis ir en Paz.

Demos gracias a Dios

63

FINAL

Luego el sacerdote con los acólitos bajan del presbiterio y se ponen delante del altar, hacen la reverencia y salen en procesión.

Esperamos a que el sacerdote abandone la Iglesia para salir.

FINAL

Quiero recordarte que no olvides venir a la Iglesia para participar en la Misa todos los domingos.
Otra cosa importante que no debes olvidar es: *"La Misa no termina en la Iglesia, la Misa continúa su celebración en cada acto de amor que tú vas haciendo cada día con tu familia, amigos y personas que necesitan de tu ayuda"*

FINAL

ALBA:
TÚNICA
BLANCA

CÍNGULO:
CORDÓN PARA
SUJETAR EL
ALBA

ORNAMENTOS

ESTOLA:
BANDA QUE VA
SOBRE EL ALBA,
RODEANDO EL
CUELLO

CASULLA:
VESTIDURA
ENCIMA DEL
ALBA Y DE LA
ESTOLA USADA
PARA CELEBRAR
LA MISA

VASOS SAGRADOS

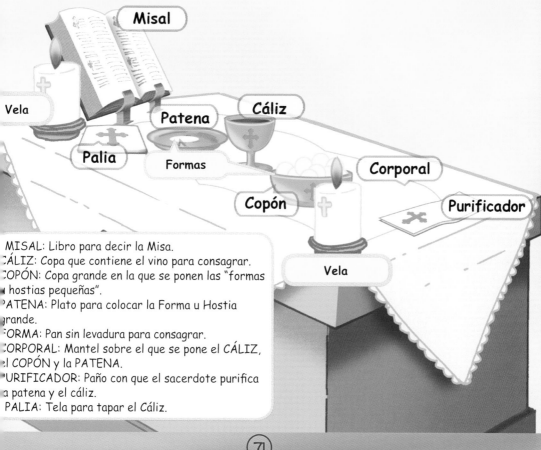

MISAL: Libro para decir la Misa.

CÁLIZ: Copa que contiene el vino para consagrar.

COPÓN: Copa grande en la que se ponen las "formas u hostias pequeñas".

PATENA: Plato para colocar la Forma u Hostia grande.

FORMA: Pan sin levadura para consagrar.

CORPORAL: Mantel sobre el que se pone el CÁLIZ, el COPÓN y la PATENA.

PURIFICADOR: Paño con que el sacerdote purifica la patena y el cáliz.

PALIA: Tela para tapar el Cáliz.

INTERIOR DEL TEMPLO Y PRESBITERIO

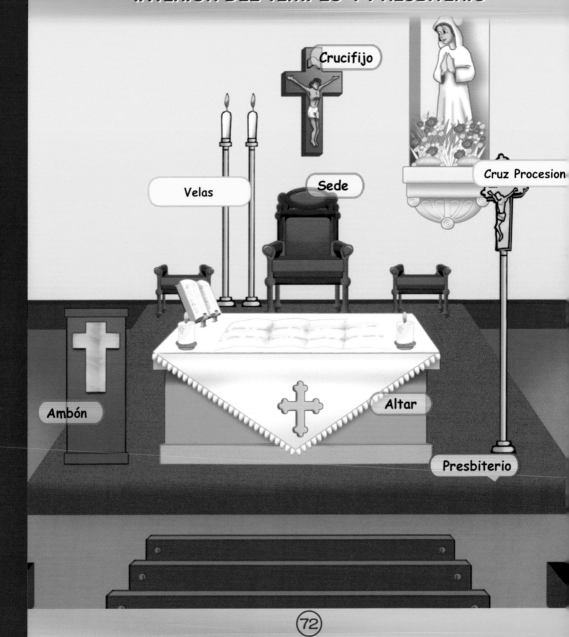

Crucifijo

Velas

Sede

Cruz Procesion

Ambón

Altar

Presbiterio

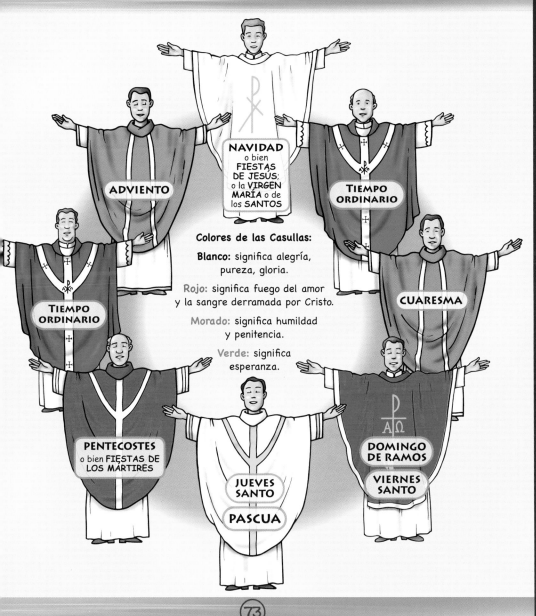

NAVIDAD o bien **FIESTAS DE JESÚS**; o la **VIRGEN MARÍA** o de los **SANTOS**

ADVIENTO

TIEMPO ORDINARIO

Colores de las Casullas:

Blanco: significa alegría, pureza, gloria.

Rojo: significa fuego del amor y la sangre derramada por Cristo.

Morado: significa humildad y penitencia.

Verde: significa esperanza.

TIEMPO ORDINARIO

CUARESMA

PENTECOSTES o bien FIESTAS DE LOS MÁRTIRES

JUEVES SANTO

PASCUA

DOMINGO DE RAMOS

VIERNES SANTO

Los ministros consagrados del Orden son

EL SACERDOTE

EL DIÁCONO

EL OBISPO

EL DIÁCONO
El Diácono ayuda al Obispo y al sacerdote y atiende a los pobres.
Ayuda en la misa leyendo el Evangelio y, a veces, predicando.
Da la comunión y la bendición final.
Puede ser testigo en una boda, bautizar y dirigir servicios funerarios.
Diáconos transicionales: Son los llamados a ser sacerdotes.
Los demás Diáconos son permanentes.

EL SACERDOTE
Sirve a Dios a través de la Misa y dando los 7 Sacramentos.
Algunos dirigen parroquias, mientras que otros viven en comunidades con la misión de enseñar, predicar o rezar por el mundo.

EL OBISPO
Dirige una iglesia local llamada "Diócesis".
Son los sucesores de los Apóstoles.
Ordenan al Diácono al Sacerdote y a otro Obispos.

ORACIONES

REDO LARGO.

eo en un solo Dios, Padre todopoderoso,
eador del cielo y de la tierra,
todo lo visible y lo invisible.

eo en un solo Señor, Jesucristo,
jo único de Dios, nacido del Padre antes de
dos los siglos:
os de Dios, Luz de Luz, Dios verdadero de
os verdadero,
gendrado, no creado, de la misma naturaleza
l Padre,
r quien todo fue hecho;
e por nosotros los hombres,
or nuestra salvación bajó del cielo,
or obra del Espíritu Santo se encarnó de
ría, la Virgen,
e hizo hombre;
or nuestra causa fue crucificado
tiempos de Poncio Pilato;
deció y fue sepultado,
esucitó al tercer día, según las Escrituras,
ubió al cielo,
stá sentado a la derecha del Padre;
le nuevo vendrá con gloria
ra juzgar a vivos y muertos,
u reino no tendrá fin.

eo en el Espíritu Santo,
ñor y dador de vida,
e procede del Padre y del Hijo,
e con el Padre y el Hijo
cibe una misma adoración y gloria,
que habló por los profetas.

Creo en la Iglesia, que es una, santa, católica y
apostólica.
Confieso que hay un solo bautismo
para el perdón de los pecados.
Espero la resurrección de los muertos
y la vida del mundo futuro.
Amén.

VUELVE A LA PÁGINA 26

LA SEÑAL DE LA CRUZ

En el nombre del Padre y del Hijo y del Espíritu
Santo. Amén.

CREDO. Ir a página 26.

PADRE NUESTRO. Ir a página 42.

AVE MARÍA

Dios te salve María, llena eres de gracia, el
Señor es contigo; bendita tú eres entre todas las
mujeres y bendito es el fruto de tu vientre Jesús.
Santa María, Madre de Dios, ruega por nosotros
pecadores; ahora y en la hora de nuestra muerte.
Amén.

GLORIA

Gloria al Padre y al Hijo y al Espíritu Santo.
Como era en un principio, ahora y siempre, por
los siglos, de los siglos. Amén.

ÁNGEL DE MI GUARDA

Ángel de mi guarda, dulce compañía, no me
desampares ni de noche ni de día, no me dejes
solo que me perdería.

ORACIONES

LA SALVE

Dios te salve, Reina y Madre de Misericordia,
vida, dulzura y esperanza nuestra; Dios te salve.
A ti llamamos los desterrados hijos de Eva; a Ti
suspiramos, gimiendo y llorando en este valle de
lágrimas.
Ea pues, Señora, abogada nuestra, vuelve a
nosotros esos tus ojos misericordiosos.
Y después de este destierro muéstranos a Jesús,
fruto bendito de tu vientre.
¡Oh clementísima, oh piadosa, oh dulce siempre
Virgen María!
Ruega por nosotros, Santa Madre de Dios,
Para que seamos dignos de alcanzar las promesas
de nuestro Señor Jesucristo. Amén.

ACTO DE CONTRICIÓN. Ver página 15.

ORACIONES ANTES DE COMULGAR. Ver página 54.

ORACIÓN DESPUÉS DE COMULGAR. Ver página 59.

LOS 10 MANDAMIENTOS

1.º Amarás a Dios sobre todas las cosas.

2.º No tomarás el nombre de Dios en vano.

3.º Santificarás las fiestas.

4.º Honrarás a tu padre y a tu madre.

5.º No matarás.

6.º No cometerás actos impuros.

7.º No robarás.

8.º No dirás falso testimonio ni mentirás.

9.º No consentirás pensamientos ni deseos impuros.

10.º No codiciarás los bienes ajenos.

Estos diez mandamientos se encierran en dos:

Amarás a Dios sobre todas las cosas y al prójim como a ti mismo.

LOS 7 SACRAMENTOS

Bautismo.

Confirmación.

Eucaristía.

Confesión.

Unción de Enfermos.

Orden Sacerdotal.

Matrimonio.

"Ahora quiero contarte algo asombroso que sucedió en una iglesia de mi ciudad, Buenos Aires, en la Argentina; cuando yo era el Obispo Jorge Bergoglio. Lee la siguiente historia:"

El 18 de agosto de 1996, a las 7 de la tarde, el padre Alejandro Pezet celebraba la Misa en la iglesia de Santa María en el barrio de Almagro.

Cuando acababa de dar la Sagrada Comunión, una mujer se acercó para decirle que había encontrado una Hostia abandonada en el candelero de las velas.

Al ir al lugar indicado, el padre Alejandro vio la Hostia ensuciada. Como no podía consumirla, la puso en un pequeño recipiente con agua que colocó en el sagrario de la capilla del Santísimo Sacramento.

Ocho días después, el lunes 26 de agosto, al abrir el sagrario, vio con gran asombro que la Hostia se había convertido en una sustancia rodeada de sangre. Informó a su obispo monseñor Jorge Bergoglio que dio instrucciones para que la Hostia fuera fotografiada profesionalmente.

Las fotos, tomadas el 6 de septiembre de 1996, muestran claramente que la Hostia, que se había convertido en un fragmento de carne sangrante, había aumentado mucho de tamaño.

Durante varios años, la Hostia se mantuvo en el sagrario dentro de agua desmineralizada y todo el asunto se mantuvo en secreto. Como la Hostia no sufría ninguna descomposición visible, el obispo, Jorge Bergoglio, decidió hacerla analizar científicamente.

Casi 3 años después, el 5 de octubre de 1999, en presencia de representantes de monseñor Bergoglio, convertido ya en arzobispo, el Dr. Ricardo Castañón tomó muestras del fragmento sangrante y lo envió a Nueva York para su análisis.

Como no quería influir en los resultados del análisis decidió ocultar al equipo de científicos el origen de la muestra.

Uno de aquellos científicos era el afamado cardiólogo y médico forense, Dr. Frederick Zugibe.

El médico declaró: "La materia analizada es un fragmento de músculo de corazón del ventrículo izquierdo cerca de las válvulas. El músculo cardíaco está en un estado de inflamación y contiene un gran número de glóbulos blancos. Esto indica que el corazón estaba vivo en el momento en que se tomó la muestra. Afirmo que el corazón estaba vivo, porque los glóbulos blancos mueren fuera de un organismo vivo. Necesitan un organismo vivo para que los mantenga. Por tanto, su presencia indica que el corazón estaba vivo cuando fue tomada la muestra."

Dijo también "esta persona que tenía este corazón tiene que haber muerto muy maltratada. A este hombre lo han torturado (el no sabe todavía que esto es una Hostia).

Dos australianos, el periodista Mike Willesee y el abogado Ron Tesoriero, fueron testigos de estas pruebas. Al conocer el origen de la muestra, estaban pasmados por la declaración del Dr. Zugibe. Mike Willesee preguntó al científico cuánto tiempo podrían seguir con vida los glóbulos blancos de la sangre viniendo de un tejido humano conservado en agua. El Dr. Zugibe respondió que hubieran dejado de existir al cabo de unos minutos. El periodista reveló entonces al médico que la sustancia de donde provenía la muestra había sido al principio conservada en agua normal durante un mes y luego durante tres años, en un recipiente con agua desmineralizada, y solo después de este tiempo se había tomado una muestra para su análisis. El Dr. Zugibe estaba como perdido debido a que tuvo que tener en cuenta este hecho. Dijo que no había manera de explicar el hecho científicamente.

El Dr. Zugibe preguntó también: ¨Tienen que explicarme una cosa: si la muestra proviene de una persona muerta, ¿cómo puede ser que mientras yo examinaba las células de la muestra del corazón se movían y palpitaban? Si este corazón proviene de alguien que murió en 1996, ¿cómo puede estar todavía vivo?¨.

Solo entonces Mike Willesee le reveló al Dr. Zugibe que la muestra analizada era de una Hostia consagrada (pan blanco sin levadura) que se transformó misteriosamente en carne humana sangrante. Desconcertado por esta información, el Dr. Zugibe respondió: ¨¿Cómo y por qué una Hostia consagrada puede cambiar su sustancia y convertirse en carne y sangre humanas vivas? Esto seguiría siendo un misterio inexplicable para la ciencia¨.

¡Solo la fe en la acción extraordinaria de Dios da una respuesta razonable! Dios quiere que seamos conscientes de que Él está realmente presente en el misterio de la Eucaristía. El milagro eucarístico de Buenos Aires es una señal extraordinaria atestiguada por la ciencia.

A través de él, Jesús desea despertar en nosotros una fe viva en su presencia real en la Eucaristía, real y no simbólica. Únicamente con los ojos de la fe, no con nuestros ojos humanos, lo podemos ver bajo la apariencia del pan y el vino consagrados. En la eucaristía Jesús nos ve, nos ama y desea salvarnos.

(El arzobispo monseñor Bergoglio llegó a cardenal en 2001, y este milagro se publicó después de largas investigaciones).

¡No dejes de ver este enlace en YOUTUBE donde el Dr. Castañón, ateo convertido al catolicismo, explica en español este milagro! ¡Es increíble!

You Tube: Milagro Eucarístico de Buenos Aires. Doctor Ricardo Castañón

Basado en una obra coordinada por el P. Aníbal Niño C.S.C.

© De la presente edición Lacruz Editorial.
© De los Textos del Papa Francisco y Benedicto XVI, LE Vaticana; incluyendo citas de las Catequesis sobre la Eucaristía del Papa Francisco en Página 22: 31.01.2018; Página 27: 14.02.2018; Página 29: 28.02.2018; Página 42: 14.03.2018..
De interiores Apostolado del Rosario en Familia, Las Melli y Lacruz Editorial.
ISBN: 9781939182364
Depósito Legal: M-36342-2016

ÍNDICE

MI GRUPO DE CATEQUESIS

NOMBRE	CUMPLE	DÍA DEL SANTO	TELÉFONO
MI CATEQUISTA ES:			